PIERRE DUFAY

LE 75ᴱ MOBILES
Court historique d'un Régiment

PARIS

LIBRAIRIE ANCIENNE HONORÉ CHAMPION

ÉDITEUR

5, QUAI MALAQUAIS, 5

1909

LE 75ᴱ MOBILES

PIERRE DUFAY

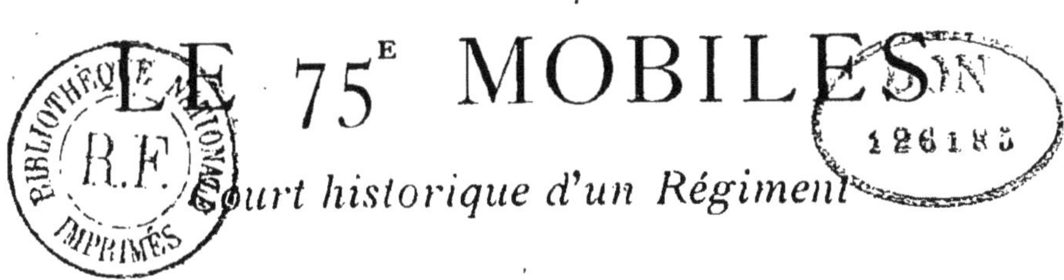

LE 75ᴱ MOBILES

Court historique d'un Régiment

PARIS

LIBRAIRIE ANCIENNE HONORÉ CHAMPION

ÉDITEUR

5, QUAI MALAQUAIS, 5

1909

Frédéric Bulot, le Baron de Maricourt et l'Abbé Blanchard ont écrit tout au long l'histoire du 75e Mobiles. Ces notes ne sont qu'un résumé de leurs travaux, auquel j'ai joint quelques extraits de *La Première Armée de la Loire,* du général d'Aurelle de Paladines; de *La Deuxième Armée de la Loire,* du général Chanzy et de *Six mois d'occupation prussienne en Blésois, de Xavier de Pétigny.*

LE 75ᴱ MOBILES

FORMATION DE LA MOBILE DE LOIR-ET-CHER

SES CADRES. — SES PERTES

Conformément aux instructions du ministre de l'Intérieur en date du 12 août 1870, les jeunes gens formant la garde nationale mobile de Loir-et-Cher avaient été convoqués à Blois, à Romorantin et à Vendôme, le jeudi 18 août 1870.

Une nouvelle loi renforçait le même jour la Mobile des célibataires et veufs sans enfants des classes 1865 et 1866, libérés du service et inscrits sur les contrôles de la garde nationale sédentaire.

Le 29 août, enfin, la garde nationale mobile était appelée à faire partie de l'armée active.

Les hommes, tant bien que mal équipés : blouse blanche, pantalon gris à bande rouge et casquette b'anche (1), — cette fameuse casquette qui prêta à la légende des marins de Jauréguiberry, — pour soustraire un peu cette jeune troupe aux influences locales et la dépayser, on envoya les Mobiles de Blois en Sologne, ceux de Romorantin à Vendôme et ceux de Vendôme à Blois, Cour-Cheverny et Onzain.

Blois fournissait neuf compagnies, Vendôme quatre et Romorantin trois.

Elles furent p'acées sous les ordres du général Michaux et leur éducation militaire commença immédiatement.

____

(1) Les sous-officiers portaient un pantalon bleu à bande rouge, une tunique courte à col et parements rouges et un képi à liseré rouge

Comme armement, elles avaient reçu simplement des fusils à piston. Ils furent remplacés au mois d'octobre, par des remingtons et en décembre, enfin, on leur adjoignit des baïonnettes.

Le 12 novembre, un bataillon des Mobiles de Maine-et-Loire venait renforcer les deux bataillons de Loir-et-Cher et formait avec eux le 75e Mobiles. Son effectif était de 3.140 hommes, plus 370 hommes dans les dépôts, et il fut confié au commandement d'un officier supérieur démissionnaire, le lieutenant-colonel de Montlaur, qui devait être gravement blessé au pied à Loigny, le 2 décembre 1870.

A Coulmiers, à Loigny, à Patay, à Vendôme et au Mans, le 75e Mobiles a donné, ainsi que le 33e (1) (Le Mans), son compagnon de combats et de fatigues, l'exemple du courage et de l'endurance.

Il comptait, à la fin de la campagne, 8 officiers et 352 sous-officiers et soldats tués ; 30 officiers et 873 sous-officiers et soldats blessés.

C'est honorer la mémoire du régiment que de donner la composition de ses cadres.

Lieutenant-colonel : comte de Montlaur.

Capitaine-major : Chevillon .

1er BATAILLON. — *Commandant :* Clauzel ; *Aumônier :* l'Abbé Grelat ; *Médecin-Major :* M. Billault.

1re COMPAGNIE, Blois-Est et Bracieux. — *Capitaine :* Malzy (Alcide) ; *Lieutenant :* Marut de l'Ombre ; *Sous-Lieutenant :* Anthoine.

2e COMPAGNIE, Blois-Ouest. — *Capitaine :* de Beaucorps (Robert) ; *Lieutenant :* François (Auguste) ; *Sous-Lieutenant :* Pille (Lionel).

3e COMPAGNIE, Contres. — *Capitaine :* de la Saussaye (Olivier) ; *Lieutenant :* de Fougères (René) ; *Sous-Lieutenant :* Miron de l'Espinay.

(1) Se reporter à l'intéressant volume qui vient de paraître, au Mans, sous la signature de M. D. ERARD : *Souvenirs d'un Mobile de la Sarthe.*

4ᵉ COMPAGNIE, Montrichard. — *Capitaine:* Letellier (Antoine); *Lieutenant:* Perraudin (Georges); *Sous-Lieutenant:* Deville-Chabrol (Paul).

5ᵉ COMPAGNIE, Saint-Aignan. — *Capitaine:* Meiffren (Félix); *Lieutenant:* de Flers (Raoul); *Sous-Lieutenant:* Communal (Raoul).

6ᵉ COMPAGNIE, Lamotte-Beuvron et Salbris. — *Capitaine:* comte de Drée; *Lieutenant:* Pichelin (Charles); *Sous-Lieutenant:* Grasset (Emile).

7ᵉ COMPAGNIE, Mennetou et Selles-sur-Cher. — *Capitaine:* Estève (Louis); *Lieutenant:* Chauvin (Edmond); *Sous-Lieutenant:* Marteau (Emile).

8ᵉ COMPAGNIE, Neung-sur-Beuvron et Romorantin. — *Capitaine:* d'Espinay Saint-Luc (Timoléon); *Lieutenant:* de Galard de Zaleu (Paul); *Sous-Lieutenant:* Barluet de Beauchesne.

2ᵉ BATAILLON. — *Commandant:* comte de Montlaur, remplacé par Sampayo (Oscar), auquel succéda de Terras (Amédée); *Aumônier:* l'Abbé Blanchard; *Aide-Major:* Docteur Ansaloni.

1ʳᵉ COMPAGNIE, Herbault. — *Capitaine:* Camus (Emile); *Lieutenant:* du Breton (Charles); *Sous-Lieutenant:* Harty de Pierrebourg (Aim.).

2ᵉ COMPAGNIE, Marchenoir. — *Capitaine:* de Fourcault (Léon); *Lieutenant:* Lebert (Georges); *Sous-Lieutenant:* Chautard (Gaston).

3ᵉ COMPAGNIE, Mer. — *Capitaines:* Froger des Chesnes. — Lacroix; *Lieutenant:* Delagrange (Alexandre); *Sous-Lieutenant:* Quentin (Albert).

4ᵉ COMPAGNIE, Ouzouer-le-Marché. — *Capitaine:* Morin (Gustave); *Lieutenant:* de Beaucorps (Geoffroy); *Sous-Lieutenant:* Breton (Paul).

5ᵉ COMPAGNIE, Droué et Morée. — *Capitaine:* Deroussen (Louis); *Lieutenant:* Lacroix (Jean); *Sous-Lieutenant:* de Brisoult (Gaston).

6ᵉ COMPAGNIE, Mondoubleau et Savigny. — *Capitaine:*

de Terras (Amédée); *Lieutenant:* de Meckenheim (Odon); *Sous-Lieutenant:* de Meckenheim (Henri).

7e COMPAGNIE, Montoire et Saint-Amand. — *Capitaine:* Schneider; *Lieutenant:* de Saint-Venant (Raoul); *Sous-Lieutenant:* de Saint-Venant (Julien).

8e COMPAGNIE, Selommes et Vendôme. — *Capitaine:* de Maricourt (Léon); *Lieutenant:* Gendron (Charles); *Sous-Lieutenant:* Besnard (Paul).

Le 3e bataillon, formé par les Mobiles de Maine-et-Loire (arrondissement de Segré), et que commandait M. Bayard de la Vingtrie, avec, pour Aumônier, l'Abbé Combes et pour Aide-Major, le Docteur Cesprées, comptait les officiers suivants :

Capitaines: de Thiville (Charles), Jallot (Yves), de Chemellier (Paul), de Tessecourt (Em.), Laumaillé (Ernest), de Trédern (Christian), Ardisson, O'Madden (Charles).

Lieutenants: d'Etchegoyen, Richou (Ch.-Marie), Guibour (Omer), Joubert-Bonnaire (A.), Allain-Targé (René), de Mieulle (Maurice), Châtellier (Simon), Boissée (Jean-Joseph).

Sous-Lieutenants: Soudée (Gabriel), Lemanceau (Jules-R.), Richou (Arthur), Thuau (Victor), de la Paumelière, Poulain de la Forestrie, Alleton, du Doré (Yvan), Huet (Eug.-René).

Blessé au mollet à Faverolles, le 1er décembre 1870, le capitaine Morin mourait de sa blessure qui s'envenimait ; le capitaine Schneider était tué à Loigny, le lendemain ; le capitaine d'Espinay Saint-Luc, à Patay, le 4 décembre ; le capitaine Odon de Meckenheim, le 10 janvier 1871, à Parigné (bataille du Mans); les lieutenants Quentin et Delagrange à Loigny et le sous-lieutenant Dubois, le 15 décembre.

Quant aux officiers blessés, vingt l'avaient été à Loigny.

Ce chiffre fixe mieux que tout commentaire le rôle joué, ce jour-là, par le 75e Mobiles.

COULMIERS-FAVEROLLES

LOIGNY

Tandis que le 16ᵉ corps d'armée s'organisait à Blois sous les ordres du général Pourcet, dès la fin de septembre 1870, la Mobile de Loir-et-Cher était détachée aux avant-postes, dont le réseau protégeait Vendôme et Blois.

« Cette ligne suivait le cours du Loir, de Cloyes à Morée, puis la lisière ouest de la forêt de Marchenoir, d'Ecoman à Lorges, par La Colombe, Autainville et Saint-Laurent-des-Bois, avec un détachement en avant à Ouzouer-le-Marché. Enfin les avant-postes s'appuyaient sur la Loire à Mer. »

A prendre contact avec l'ennemi, la Mobile s'aguerrissait, elle tendait aux Allemands deux embuscades heureuses à Binas et repoussait d'Ourcelles, à quelques kilomètres de Bâcon, l'ennemi appuyé par deux pièces de canon.

La confiance lui venait en elle-même.

Après le désastre d'Artenay qui livrait Orléans aux troupes de Von der Tann (10 octobre), le 75ᵉ Mobiles, renforcé par les trois compagnies qui avaient dû quitter Beaugency menacé, se vit soutenu par le 16ᵉ corps qui était venu s'établir à Marchenoir. Le 7 novembre, il prenait part, à Saint-Laurent-des-Bois, à un combat d'avant-postes assez grave pour que l'Armée de la Loire, dont on ne soupçonnait pas encore l'importance, la révélât tout à coup et inquiétât la place d'Orléans (1).

Mal éclairé par sa cavalerie, Von der Tann avait laissé le 15ᵉ corps et l'ancien 16ᵉ se concentrer derrière la forêt de Marchenoir, entre Blois et Vendôme. La reconnaissance du général Stolberg-Vernigerode aboutissait à un échec.

(1) Par décision ministérielle en date du 2 novembre, le général Chanzy avait remplacé le général Pourcet à la tête du 16ᵉ corps.

Se sentant menacé, il évacua Orléans dans la nuit du 8 au 9 novembre, résolu à venir au devant de la bataille qu'on lui offrait, espérant, grâce à ses Bavarois et à la supériorité de son artillerie, prendre l'offensive et l'attaquant par le flanc, rejeter dans la Loire la colonne qui en suivait la rive droite.

Cette tactique aboutit pour nous à une victoire dont nous ne devions, il est vrai, guère profiter. Le 9 novembre, Von der Tann était battu à Coulmiers et la journée se terminait pour les siens en une véritable déroute.

A Saint-Laurent-des-Bois, le 75e Mobiles avait pris part à un engagement heureux. A Coulmiers, sous la rafale des obus et des balles, il avait contribué à assurer à l'Armée de la Loire une victoire qui devait relever bien des courages et secouer des énergies.

Cela se paie. Il comptait maintenant des morts et des blessés.

Tandis que le régiment bivouaque dans la boue à Clos-Aubry et à Saint-Péravy, pour égayer un peu ces tristes et mauvais souvenirs, laissez-moi emprunter à M. de Maricourt une anecdote assez plaisante. Nos moblots, par cet hiver rigoureux, étaient vêtus de blouses blanches. Il fallut toute l'ingéniosité du colonel de Montlaur pour leur faire accorder quelques capotes.

« Lorsque ce fut notre tour de fournir la garde d'honneur (au corps d'armée et à la division), le colonel de Montlaur eut une vraie inspiration. Il commanda à chacun des vingt-quatre capitaines de lui fournir les quatre hommes les plus en lambeaux de sa compagnie, et confia le commandement du détachement à un officier très intelligent. J'eus la curiosité d'aller voir cette garde d'honneur : c'était absolument inénarrable. Jamais Callot n'a rêvé guenilles, haillons et loqueteux pareils.

« Quand l'amiral sortit et vit cette cour des miracles fort bien alignée, très correctement au port d'armes et commandée par un officier irréprochable, il s'arrêta stupéfait.

— D'où diable sortent tous ces *salauds-là ?*

— Monsieur l'amiral, c'est la Mobile de Loir-et-Cher.

— Ah ! ça ne m'étonne pas.

« Dès le lendemain, nous recevions vingt capotes par compagnie, et, peu après, tous nos hommes en avaient (1). »

A la victoire de Coulmiers, le 75e, après avoir cantonné à Patay où le 30 novembre les Allemands esquissaient un simulacre d'attaque, ne devait pas tarder à joindre un véritable fait d'armes.

Le 1er décembre, il enlevait Faverolles à la baïonnette.

Les Bavarois s'étaient fortement retranchés dans ce hameau composé de quelques fermes, entourées de murs et de jardins garnis de haies.

Les Mobiles, dans les rangs desquels les obus et les balles avaient déjà fait des vides, n'étaient plus qu'à sept cents mètres de Faverolles, lorsque retentit le commandement de « En avant! »

« Le 75e Mobiles, s'élançant crânement le fusil sur l'épaule, entoura Faverolles sur trois faces et dans l'ordre suivant: le 1er bataillon sur la droite, le 2e au centre et le 3e à gauche. Deux ou trois compagnies se mirent vivement en tirailleurs et ouvrirent aussitôt le feu (2). »

Le 39e de marche joignait ses efforts à ceux de la Mobile. Les balles et la mitraille faisaient rage, des incendies s'allumaient, mais nos balles s'épuisaient.

Derrière la 8e compagnie que commandait le capitaine de Maricourt et qui avait reçu du colonel de Montlaur l'ordre d'aller renforcer la ligne des tirailleurs de l'infanterie et de se porter le plus près possible de Faverolles, le régiment arrivait au pas de course, tous les clairons sonnant la charge.

« Vite! la baïonnette au canon, et en avant!

« Alors j'entendis pour la première fois cette clameur étrange, sauvage, de l'homme se ruant sur l'homme et dont nul autre bruit de la bataille ne saurait égaler la formidable puissance.

« En quelques instants nous sommes sur les haies des jardins; les coups de feu des Allemands, qui tirent sans relâche, nous claquent aux oreilles, la fumée nous aveugle...

---

(1) Baron DE MARICOURT: *Casquettes blanches et croix rouge.*
(2) F. BULOT: *Le 75e Mobiles.*

« Toutes les compagnies sont entrées dans le village, éclairé à jour par l'incendie allumé par nos obus.

« La mienne poursuit baïonnette dans les reins, un groupe de Bavarois qui s'arrêtent dans un jardin; trois officiers s'avancent, tenant leurs sabres par la pointe...(1) »

Le 75ᵉ Mobiles venait bien d'accomplir une action d'éclat, mais, grâce à ses casquettes blanches, la légende des marins de Jauréguiberry était née, et les légendes ont la vie dure.

En réalité, le 16ᵉ corps ne possédait pas d'autres marins que l'amiral et ses officiers d'ordonnance. Les matelots, c'était la Mobile de Loir-et-Cher.

« Ce fut un beau soir, ajoutait M. de Maricourt, l'heure la plus brillante de la courte et héroïque histoire de la Mobile de Loir-et-Cher! (2). »

Ce fait d'armes, comme tous nos succès, ne devait pas avoir de lendemain.

Dans la matinée du 2 décembre, le grand-duc de Mecklembourg-Schwerin, les avant-postes bavarois ayant été, la veille, bousculés à Terminiers, Gommiers et Villepion et rejetés sur Orgères et Loigny, avait concentré sa subdivision sur la ligne Tanon-Baigneaux.

C'est a'ors que le 75ᵉ reçut l'ordre de marcher sur Loigny et sur le château de Goury, qui dominait au haut d'une colline le village connu, aujourd'hui, pour son ossuaire.

Après une attaque insuffisamment préparée par l'artillerie, le général Barry avait cherché à s'emparer du château. Il fut repoussé, et ce fut tout juste si les Bavarois n'entrèrent pas à nouveau dans Loigny, qui leur avait été repris le matin.

Déjà, la situation était critique.

« L'amiral Jauréguiberry, voyant la division Barry reculer en désordre, se porte rapidement en avant, oppose à l'ennemi la brigade Bourdillon composée du 3ᵉ bataillon de chasseurs à pied, du 39ᵉ de marche et du 75ᵉ Mobiles, qui la veille, par leur brillante conduite, avaient fait l'admiration de l'armée. Ces braves troupes se précipitent sur l'ennemi avec un élan auquel rien ne résiste, et se main-

(1-2) Baron DE MARICOURT : *Casquettes blanches et croix rouge.*

tiennent sous un feu terrible de mitraille et sous une grêle d'obus qui déciment leurs rangs (1). »

Fort malmenés par notre feu, les Bavarois recevaient de Von der Tann des renforts importants qui leur permettaient de résister à l'assaut terrible qui venait se heurter contre la muraille de feu et de plomb de Goury.

Puissante et bien dirigée, l'artillerie allemande couvrait son infanterie et décimait nos rangs.

Une sonnerie résonna. C'était la retraite.

« Malgré tout, les efforts héroïques du 3ᵉ bataillon de chasseurs, du 39ᵉ de marche et du 75ᵉ Mobiles échouaient définitivement contre les murs crénelés du parc de Goury : ces braves troupes, ne pouvant emporter la position, reculèrent en combattant jusqu'à Loigny où elles s'établirent (2). »

Un combat désespéré s'engage autour du village que l'on a, en hâte, fortifié. Le 75ᵉ se reforme et oppose aux assaillants une résistance désespérée.

Un peu d'espérance revient, soudain, au cœur des hommes : le renfort tant attendu arrive enfin.

« Le général de Sonis arrivait avec quelques batteries, les zouaves pontificaux et celles de ses troupes qui avaient le mieux marché ; il se chargea, sans hésiter, de cet effort (sur Loigny et sur Goury, centre de la résistance ennemie) et se porta intrépidement en avant, donnant lui-même l'exemple et l'élan (3). »

Par leur charge intrépide, les Volontaires de l'Ouest venaient d'ajouter à notre histoire une de ses pages les plus glorieuses.

S'ils ne vainquirent pas, c'est que, dans la guerre moderne, le courage ne peut l'emporter sur le nombre. Sur 300 zouaves, 198 tombèrent et le général qui les commandait eut la fierté de sauver tous ses canons.

On a un peu perdu l'habitude d'entendre parler des héros. Lisez comment, quelques mois plus tard, le général

(1) Général d'Aurelle de Paladines : *La Première Armée de la Loire.*

(2) Général Chanzy : *La Deuxième Armée de la Loire.*

(3) Général Chanzy : *La Deuxième Armée de là Loire.*

de Sonis s'exprimait devant la commission d'enquête parlementaire :

« J'étais là parce qu'il fallait aller là, marcher quand même, et mourir s'il le fallait, pour éviter un plus grand désastre... Je suis tombé, mais je n'ai pas perdu un seul canon et j'ai sauvé l'honneur. »

Le 75e Mobiles avait lui aussi largement contribué à sauver l'honneur. Officiers, sous-officiers et soldats, tous avaient versé leur sang pour la France avec un égal courage, et nul, dans la nuit qui s'épandait, ne savait le nombre des morts et des blessés.

PATAY. — LE RAVIN DES BUIS
LA RETRAITE SUR VENDOME ET SUR LE MANS
LA BATAILLE DU MANS
SAINT-JEAN-SUR-ERVE

L'attaque convergente tentée le 8 novembre avait décidément échoué, Von der Tann en se déplaçant et en quittant Orléans avait déjoué tous nos projets. La victoire de Coulmiers n'avait amené pour nous aucun résultat.

Après la sanglante journée de Loigny, « la marche de l'aile gauche de l'armée de la Loire était enrayée, comme avait été brisée, quatre jours auparavant, l'offensive de son aile droite sur Beaune-la-Rolande. »

L'Armée de la Loire était divisée en trois tronçons.

Tandis que le 15ᵉ corps, en pleine déroute, se réfugiait à Orléans, le 16ᵉ rétrogradait sur Terminiers et le 3 décembre, le 75ᵉ reprenait ses cantonnements à Patay.

Il n'avait pas fini d'être à l'honneur.

A Faverolles, il avait enlevé le village à la baïonnette ; à Loigny, il avait partagé la gloire des zouaves du général de Sonis ; à Patay, il allait résister une journée entière aux attaques de l'ennemi victorieux et permettre au général Chanzy d'établir la 1ʳᵉ division du 16ᵉ corps et le 17ᵉ, dont la retraite s'était effectuée « avec beaucoup de précision et d'ordre (1) » sur une ligne allant de Lorges à Beaugency, s'appuyant sur la droite à la Loire, et à gauche, à la forêt de Marchenoir.

Devenus indépendants, ces deux corps devaient former la *Deuxième Armée de la Loire* et Chanzy en recevait le commandement le 6 décembre.

Le 4, au matin, les Allemands attaquaient Patay où ils se heurtaient au 1ᵉʳ bataillon du 75ᵉ. Le colonel et son chef blessés, le capitaine Malzy en avait pris le commande-

____

(1) Général CHANZY : *La Première Armée de la Loire.*

ment, et sans artillerie, à la tête de ses 700 mobiles, —
ils étaient l'avant-veille 1.100, — il avait organisé et assurait la défense.

Des barricades avaient été élevées, et derrière elles sous
le froid qui était intense, les balles et les éclats d'obus dont
la rafale balayait la plaine, nos mobiles résistaient et
repoussaient l'attaque des Bavarois.

Dans un jardin, à découvert, le capitaine d'Espinay
Saint-Luc commandait et surveillait le feu de ses hommes.

« Le lieutenant Barluet de Beauchêne fait remarquer
au capitaine qu'il risquait bien inutilement sa vie en restant
découvert dans un poste aussi dangereux. Il répondit :

— Je suis trop vieux, ils ne voudraient pas de ma vieille
carcasse ; faites-moi une cigarette, vous serez bien gentil.

« A ce moment, un obus le renverse ainsi que cinq ou
six hommes, parmi lesquels Guérin Albert, Lecesne et
Poy...

« Resté debout par miracle, le lieutenant se précipite
vers le capitaine : « Je suis mort », dit celui-ci et, lui
prenant la main, il l'enfonce dans une plaie béante sous le
sein droit (1)... »

Dans le bourg, c'étaient des scènes atroces, des maisons
brûlaient, partout des morts et des b'essés. Une femme
avait les deux mains coupées par les éclats d'un obus.

Les tirailleurs allemands n'étaient plus qu'à deux cents
mètres. Une décharge furieuse, désespérée, leur répondit.
On ne pouvait, depuis 6 heures du matin qu'avait com-
mencé le feu, venir à bout de cette poignée de moblots. Les
Bavarois y renoncèrent. Les fifres sifflèrent la retraite.
Ils abandonnaient aux nôtres Patay et des prisonniers.

Par sa résistance farouche, le 75ᵉ n'assurait pas seule-
ment la retraite de la Deuxième Armée de la Loire : il
s'était sauvé lui-même, car nul doute que ce batail'on,
abandonné de tous et sacrifié au salut commun, n'eût été
entièrement fait prisonnier par les forces dix fois
supérieures des Bavarois, s'il n'avait su leur opposer
l'énergie et le suprême courage du désespoir.

Comme le jour baissait, les mobiles quittaient les ruines

(1) L'Abbé BLANCHARD : *75ᵉ régiment de Mobiles.*

fumantes de Patay, rejoignaient à Lignerolles le 3ᵉ bataillon, traversaient Saint-Péravy et, à Bucy-Saint-Liphard, ralliaient les campements du 16ᵉ corps.

« Comment, dit, étonné, l'amiral Jauréguiberry, il en reste encore de ces casquettes blanches ! (1) »

Le 7 décembre, on se battait à Messas, le 8 à Villorceau. Ce jour-là, quelques mobiles du 75ᵉ conduits par un sergent, s'illustrèrent, en enlevant à la baïonnette, avec le 33ᵉ Mobiles (de la Sarthe), le hameau du Mée.

Malheureusement, les francs-tireurs qui avaient la garde de Beaugency laissaient tomber la petite ville entre les mains de l'ennemi, après un combat de quelques minutes à peine.

Chanzy, dont tout l'effort portait de l'autre côté, avait été forcé de dégarnir la rive droite de la Loire. La prise de Beaugency risquait de le laisser tourner à droite. Il comprit le danger, et, pour y remédier, donna à son armée l'ordre de rétrograder.

Après Faverolles, après Loigny, après Patay, le 75ᵉ Mobiles allait encore connaître des heures glorieuses. Le 9 décembre, l'amiral Jauréguiberry établissait sa ligne de combat en arrière de Beaugency, vers Tavers, et nos moblots recevaient l'ordre d'occuper et de défendre, coûte que coûte, le ravin des Buis perpendiculaire à la route.

« Le 75ᵉ a sa droite appuyée aux bâtiments mêmes de la ferme (du Grand-Mézian) et sa gauche à la batterie de mitrailleuses. L'ordre est de tenir à outrance ; on y est habitué depuis quelque temps (2). »

Après une brillante reconnaissance faite par un goum arabe, la bataille s'engageait, très vive, vers 3 heures. Justifiant les espérances qu'on avait fondées sur elles au début de la guerre, les mitrailleuses, placées à bonne portée, faisaient, de l'autre côté du ravin, des ravages énormes dans les rangs allemands.

Les Mobiles auraient dû succomber sous la pluie de balles des Prussiens qui déjà croyaient les tenir prisonniers.

(1) L'Abbé BLANCHARD : *75ᵉ régiment de Mobiles.*

(2) Lieutenant-Colonel DUMAS : *Les Mobiles de Maine-et-Loire. — 29ᵉ Mobiles.*

Il n'en fut rien, à peine eurent-ils quelques blessés. Les mitrailleuses avaient rétabli l'équilibre entre les deux camps. Nos hommes avaient conservé leur sang-froid et leurs feux de peloton étaient précis et meurtriers.

La nuit vint. L'ennemi était repoussé et avait subi de grosses pertes.

Jamais, peut-être, les deux partis ne bivouaquèrent aussi près l'un de l'autre.

La Première Armée de la Loire était incapable de prêter à la Deuxième une aide quelconque, et, il faut bien le dire, on ne comprenait pas à Blois, aussi bien à l'évêché qu'à la préfecture et à l'hôtel de ville, l'importance capitale qu'il y avait à défendre la ville à outrance pour protéger les mouvements de la seconde Armée de la Loire.

A peine retarda-t-on une journée l'entrée des Prussiens, en faisant sauter une arche du pont, — nécessité qui s'imposait, — et en parlementant.

Le 13 décembre, vers 10 heures, une avant-garde de cavalerie allemande arrivait à Blois, par la route de Paris, sans rencontrer aucun obstacle.

« Des Français qui tenaient dans leurs mains, sans le comprendre, le sort de la Deuxième Armée de la Loire, avaient agi comme s'ils voulaient attirer sur leur patrie une nouvelle catastrophe (1). »

La ville était évacuée depuis la veille.

Mais, une fois de plus, Chanzy avait prévu le péril et y avait paré. Dès le 11 décembre, son admirable retraite sur Vendôme avait commencé.

« Le 11 décembre, la retraite de la Deuxième Armée, pivotant sur sa gauche, commença vers 10 heures du matin. L'ennemi qui s'était retiré la veille très fatigué, et qui n'avait rien pénétré de nos projets, fut longtemps avant de se rendre compte de ce qui se passait. C'est à peine s'il chercha à nous inquiéter en dirigeant sur la 3ᵉ division du 17ᵉ corps une canonnade que l'artillerie de cette dernière fit bientôt cesser. Vers 3 heures, toutes les troupes étaient au bivouac sur les positions assignées (2). »

(1) X. DE PÉTIGNY : *Six mois d'occupation prussienne en Blésois*.
(2) Général CHANZY : *La Deuxième Armée de la Loire*.

Le 11 au soir, le 75ᵉ, placé à l'arrière-garde, campait à Villegonseau, devant le château de Beaumont, près Mer, le lendemain il traversait Pontijou ; et, le soir, il dressait ses tentes dans une terre labourée transformée en marécage. Le 13, on arriva à Villaria, à trois kilomètres de Vendôme. La pluie se mit à tomber. Elle ne cessa de la nuit.

Des patrouilles allemandes suivaient les derrières de l'armée et la débarrassaient de ses traînards.

Le 15 décembre, la brigade Bourdillon occupait avec trois batteries et deux mitrailleuses le plateau du Temple qui domine Vendôme quand on vient de Blois et où est situé le monument élevé, en 1872, aux victimes de la guerre. Nos moblots, après être restés là, comme soutiens d'artillerie, ne faisaient que traverser Vendôme, dont la défense aurait coûté trop de sang.

Chanzy avait, le même jour, surpris l'ennemi par un retour offensif exécuté sur Fréteval, puis continuait sa retraite sur Le Mans.

On traversa Naveil où l'on venait de se battre ; le 17 décembre, on campait à Lunay ; le 18 à Montreuil-le-Henri et, le 20, le régiment recevait comme stationnement un espace qui suit le Chemin aux Bœufs, en avant de La Tuilerie, à cinq kilomètres du Mans.

Ainsi, les Mobiles de Loir-et-Cher qui, partout, s'étaient si bravement battus, faisaient tout d'abord connaissance du trop fameux plateau où la veulerie et l'imbécillité des Mobilisés du camp de Conlie devaient amener la défaite du Mans et transformer en un désastre une des plus belles et plus difficiles retraites dont se puissent enorgueillir nos fastes militaires.

Le régiment se reforme, des promotions complètent les vides faits dans les cadres par la mort, les blessures et la maladie. Vaincu par la fièvre, le commandant Bayard de la Vingtrie, qui, depuis Loigny, a remplacé le colonel de Montlaur à la tête du 75ᵉ, passe le commandement au capitaine Malzy. Les hommes touchent des effets et des chaussures. Les casquettes blanches ont presque entièrement disparu.

On arrive ainsi au 9 janvier 1871. Une démonstration

est décidée sur Château-du-Loir, pour répondre à l'ennemi qui, la veille, a attaqué nos lignes. Une colonne mobile se. met en marche dans la neige. C'est l'aube de la bataille du Mans.

Le 10, on s'engouffre dans le Chemin aux Bœufs, trop étroit pour laisser passer autant d'hommes et où on piétine. La neige durcie par le passage des troupes et par le froid est devenue un véritable glacier. Vers 9 heures, on arrive en vue de Parigné-l'Evêque.

Les bataillons prennent leurs positions, l'un occupe le village, les deux autres seront envoyés comme renforts au 39ᵉ de marche, déjà engagé, et se déploient. Dès le début de l'action, le capitaine Odon de Meckenheim tombe, frappé d'une balle en pleine poitrine.

Des mitrailleuses qu'à Parigné soutient le 1ᵉʳ bataillon, sont surprises par les Allemands qui s'en emparent. Un corps à corps terrible s'engage, les moblots sautent à l'arme blanche sur l'assaillant, quatre mitrailleuses sur cinq sont reprises.

L'honneur reste sauf, mais la position devient intenable. Le bataillon se replie, et à travers bois, par un chemin creux, rejoint le régiment en faisant encore le coup de feu.

Le 11, à 9 heures du matin, par un froid sec, la bataille recommençait.

A 11 heures, l'ennemi s'est emparé de Champagné; à 3 heures, il commence à être maître du plateau d'Auvours qui commande nos positions.

Le général Gougeard vient à la rescousse et charge à la tête des zouaves pontificaux et des mobiles des Côtes-du-Nord.

Une dernière fois, grâce à cet héroïsme, une lueur d'espoir semble éclairer la morne désespérance de cette journée... Mais, non! les mobilisés de Maine-et-Loire ont déjà fui en désordre; la panique vient, à La Tuilerie, de faire abandonner leur poste aux mobilisés d'Ille-et-Vilaine...

C'est le désastre. Les Prussiens se sont emparés de La Tuilerie qu'on ne pourra leur reprendre.

La lâcheté de quelques-uns a suffi à faire perdre à Chanzy et à son armée le fruit de leurs efforts, de leurs fatigues et de leurs souffrances.

La retraite s'effectua sur le village de Ruaudin. Un moment, le capitaine Malzy dut faire former le carré, puis, ce fut une nuit atroce, sinistre, durant laquelle les balles ne s'interrompirent pas de siffler et les Prussiens de tenter des surprises contre les vaincus terrassés par la fatigue, le froid et la faim.

Avant que le jour ne fût levé, un cor sonna le réveil dans l'armée allemande.

Conduit par le capitaine Malzy qui le dirigeait à ces heures difficiles avec l'habileté d'un vieux soldat, le 75º Mobiles traversa Le Mans apeuré et désolé.

Au sortir de la ville, des cavaliers lui indiquèrent la route de Laval qu'avait prise le 16º corps. On fit halte à Joué, puis on marcha toute la nuit. Le lendemain matin, on parvenait à Saint-Jean-sur-Erve. C'était une position de défense excellente.

A nouveau, les Mobiles de Loir-et-Cher s'étaient vu confier l'arrière-garde, pour soutenir la retraite générale.

Et le canon tonna... Notre artillerie répondit, les mitrailleuses prirent part au concert. Une fois encore, la Deuxième Armée de la Loire avait à se défendre contre la poursuite des Allemands.

Placé dans un bois comme soutien d'artillerie, le régiment eut peu à souffrir de ce dernier engagement qui fit, cependant, une victime dans ses rangs.

C'était la fin, le général Chanzy allait pouvoir regagner Laval pour y reconstituer, infatigable, son armée.

L'armistice, puis la conclusion de la paix en décidèrent autrement.

Coulmiers, Faverolles, Loigny, Patay, Le Mans! le 75º régiment de Mobiles avait bien mérité de la Patrie.

Près de quarante ans, il a attendu l'érection d'un monument destiné à perpétuer, à l'entrée de Blois qu'il n'eut malheureusement pas à défendre, sa vaillance et son abnégation.

Puisse la France, à l'heure du danger, retrouver à son service un même courage et les mêmes bonnes volontés!

ORDRE GÉNÉRAL (14 mars 1871)

« Officiers et soldats de la Deuxième Armée,

« Le traité ratifié le 1er mars par l'Assemblée nationale met fin à la guerre. Les armées sont dissoutes.

« En m'informant que mon commandement cesse, le ministre de la guerre ajoute :

« Dites à votre brave armée, officiers de tous grades « et soldats, que je les remercie au nom de notre pays « tout entier de leur courage et de leur patriotisme. Si la « France avait pu être sauvée, elle l'eût été par eux. La « fortune ne l'a pas voulu. »

« Je suis heureux de porter à votre connaissance ce témoignage de la satisfaction du Gouvernement. Vous pourrez être fiers d'avoir fait partie de la Deuxième Armée, dont les efforts, s'ils n'ont pas abouti au succès que vous avez poursuivi avec tant d'opiniâtreté, ne resteront pas sans gloire pour le pays dont ils ont contribué à sauver l'honneur.

« Vous avez tenu tête aux armées les plus nombreuses et les mieux commandées de l'Allemagne. L'histoire racontera ce que vous avez fait ; l'ennemi lui-même s'honorera en vous rendant justice.

« Vous allez rejoindre vos foyers, vos garnisons ; conservez inébranlable votre dévouement au pays ; restez, quoi qu'il arrive, les défenseurs de l'ordre.

« Quant à moi, mon plus grand honneur est de vous avoir commandés ; mon plus vif désir, de me retrouver avec vous chaque fois qu'il s'agira de servir la France.

« Le général en chef

« *Signé* : CHANZY. »

Blois. imp. René Breton

9 782019 921835